금낭화 피는 계절이 오면

문장시인선 21
금낭화 피는 계절이 오면

이금선 시집

북랜드

시인의 말

시 공부,
쉽게 다가갔지만 갈수록 태산이었습니다
자나 깨나 앉으나 서나 시심을 품었지만
부화는 되지 않고 빈 껍데기였습니다

오랜 시간 진통을 겪으면서
한 편, 한 편 쌓아 올린 것들을
다듬고 다듬어
설레는 마음으로 선보입니다

이번 첫 작품집으로 힘을 얻어
더 깊이 공부하고 생각하며
성숙한 시심과 표현 방법을 기르도록 노력하겠습니다
첫 시집 출간을 위해 도움 주신
모든 분께 감사드립니다

2023년 가을

차례

- 시인의 말

1부

민들레	12
시 공부 1	13
시 공부 2	14
시 습작	15
봄바람	16
공부방 아이들	17
개미 떼	18
들꽃	18
봄의 들녘에서	20
선물	21
봄비	22
백목련	23

2부

26 　거울을 보며 1
27 　내 마음의 노래
28 　홀로서기
29 　파도처럼
30 　거울을 보며 2
31 　부부
32 　기다림
33 　뜨개실
34 　낙엽을 밟으며
35 　산책길에서
36 　다육이
37 　야생화

3부

밥	40
아버지의 기도	42
들꽃이 되어	43
어머니를 회상하며	44
치매를 간호하며 1	45
치매를 간호하며 2	46
우리 아버지	47
아버지의 눈물	48
작은 소망	49
노부부	50
간병	51
보고 싶은 어머님께	52

4부

56 가을 풍경
57 고추잠자리
58 산을 오르며
59 새벽길
60 신천의 비 오는 풍경
61 여름 운문사
62 제주도 여행길
64 코로나19
66 코로나 체험기
67 지루한 코로나
68 파티마의 성모마리아
69 짝꿍 친구

| 해설 |
72 겸허한 마음으로 쓰는 시 … 이순옥

1부

민들레

민들레 민들레
담 밑에 샛노란 민들레
깔깔깔 웃고 있다

보도블록 틈새 비집고
샛노란 웃음
깔깔깔 피우고 있다

민들레 민들레
천지에 민들레
깔깔깔 깔깔깔 웃음소리 떠나가네

새봄에 피어난
샛노란 민들레
산지사방 웃음소리

시 공부 1

뱉을 수도 없고
삼킬 수도 없이
입속에서만 굴러다니는 옹알이

얼마큼 수련을 쌓아야
성숙한 말이 되려나
가슴으로 내려오라 내 옹알이

시 공부 2

졸업장이 없다
오랜 세월 시와 씨름해도
정답이 없다
이 문으로 들어가 보고
저 문으로 들어가 봐도
나갈 문을 못 찾는다
헤매다 나오고
헤매다 나오고
하루 종일, 일 년, 수십 년
세월이 약이란 말도 거짓말
세월이 갈수록 더더욱
시가 뭔지 깜깜 굴속이다

시 습작

떠오르던 심상心象 하나
펜촉을 다듬는 동안
사라졌다

다시 떠올리려
펜대 놓고 마음 뒤졌지만
그림자도 보이지 않는다

봄비에 물어봐도
못 들은 척
틈새로 스며버리네

꽃 필 때 잠시 왔다 가버린
심상 하나
꽃 지는 계절에도 아직, 소식이 없네

언제쯤
다시 찾아오려나
애타는 이 마음 알아주려나

봄바람

봄바람,
먼 길 달려와
겨우내 퇴색한 빛 되살린다
나무껍질 속에서 꿈꾸던 생명들
눈을 뜨기 시작하네

봄바람,
내게로 불어오라
두꺼운 가슴 파헤쳐
나의 퇴색한 언어들
새롭게 빛내주렴

봄꽃 피우는 봄바람아
두꺼운 나무껍질에 파고들듯
내 굳은 생각 속에도 파고들어
막힌 언어 살랑살랑 풀어내주렴

공부방 아이들

아이들 재잘대는 소리
공부방이 새장 같다
공부보다 재미있는 놀이
웃고 떠들고 콩콩 뛰는 아이들

이렇게 하라면 저렇게 하고
저렇게 하라면 이렇게 할 땐
청개구리 동화 한 편이다
이 아이들 속에서 나는 배운다

개미 떼

폭염 속에서도
개미는 먹이를 찾아 줄지어 다닌다
몸체보다 큰 먹이도 운반한다

땅금을 긋듯
까맣게 줄지어 가는 개미 떼
이쪽은 내 땅
저쪽은 네 땅
개미 떼는
끊임없이 땅따먹기를 하네

들꽃

나는 이름이 없어요
그저 들꽃이라 부르지요
사실 이름이 있어요
내 이름은 기쁨

바람 부는 날
바람의 운율에 맞춰
친구들이랑 춤을 추어요
팔랑팔랑 춤을 출 땐
향기가 퍼져나가
세상에 기쁨을 흩날리지요

봄의 들녘에서

향기를 뿜어내는 봄 들녘
봄은 서로서로 머리 빗겨주고
기름 발라주는
정다운 계절이다

풋풋한 기운 내뿜는 봄 들녘
제 색깔, 제 모양 드러내는 새싹들
복수초는 노란색
노루귀는 담홍색

그 가장자리에서
봄기운 마시고 서 있는 나
나의 색깔과 모양은 어떠할까
청바지에 티셔츠 차림

선물

비 내리는 오후
우산을 쓰고 길을 간다
질펀한 빗물 저벅저벅 디디며
발등 적시며 길을 간다

오랜 가뭄 끝에 내리는 비
오늘 받은 선물이다
발신자 표시도 없는
무명의 선물을 받았다

봄비

처마에서 떨어지는
낙수 소리에
새벽잠 깼다

창문으로 스며드는
흙 향기
봄 내음이 가슴을 부풀린다

땅을 뚫고 올라오는
새싹들 소란에
새벽잠 멀리 달아났다

백목련

이른 봄
얼굴 내미는 백목련
너의 다른 이름은 기쁨

긴 겨울
추운 장막 속에서
생명을 잉태한 모성을 닮은 꽃

이른 봄
높은 가지에서 새봄 알리는 너는
기쁨의 전사

2부

거울을 보며 1

가을 노을이 거울에 비친다
노을 속의 비치는 내 이마에
삼차선 도로가 나타났다
입가엔 팔자 모양 주름 한 가닥
골짜기 조그마한 밭떼기 도랑 같다
거울 속 내 얼굴을 보며
지난 세월을 읽는다

내 마음의 노래

내 마음은
슬픔을 머금고 있다
가까이 오지 마라
눈물이 그대에게 번져
그대를 눈물바다로 만들까 두려우니

내 마음은
어둠을 머금고 있다
가까이 오지 마라
어둠이 그대에게 번져
그대를 어둠의 바다로 만들까 두려우니

슬픔과 어둠이 짝이 되어
바다 위를 둥둥 떠다니다
어느 바다 기슭에
터전을 잡고 살 때
그때는 사랑을 노래하겠지

홀로서기

바위 같은 마음 내려놓으려
홀로 찾아간
바닷가

그날 바다에는
파도가 드세게 밀려와
묵묵히 있는 바위를 후려치곤 했다

어디에도
무거운 마음 내려놓을 데 없다
홀로 어깨를 움츠리고 돌아왔다

바닷가에서
홀로서기 결심 탑 하나 세워놓고
갔던 길 되돌아왔다

파도처럼

마음이 고달플 때면
그 옛날 찾았던
어느 바닷가를 생각한다

파도는 멀고 먼 길 다녀와
고달픔 부딪치며 흰 거품 되었지
해변의 흰 거품은 아름다움이었어

내 심연에서 일어나는 파도도
저 파도처럼 부서져
아름다움 보여주면 좋으련만

거울을 보며 2

거울을 보다가
나를 만난다
거울 속의 네가
내 모습이다

눈썹이 두 개
눈도 두 개
코는 하나
입도 하나

나는 보았다
더듬더듬 알던 것을
콕 집어 비춰준 거울
거울을 보다가
내 존재를 깨달았다

뜨개실

뜨개실 가게 앞을 지난다
형형색색의 실
가늘고 굵은 실
실타래들 한데 모이니 대가족이다

어떤 실타래는
아기 첫돌 상에 오르고
어떤 실타래는
복주머니, 양말, 장갑, 목도리로 태어난다

엄마 손에 들린 실 한 타래
누구 옷이 될까
엄마가 한 코 한 코 걸어 사랑을 짠다
내 옷일까 오빠 옷일까
어릴 때 본
엄마의 뜨개질 손 그리워

낙엽을 밟으며

융단처럼 깔린 낙엽을 밟는다
낙엽 위에 떨어지는 빗소리 들으며
가을의 일기를 쓴다

많은 생각들이
바람에 휘감기듯 휘돌고
나뭇잎처럼
계절 따라 생각도 옷을 갈아입는다

내 마음 밑바닥도 보인다
내가 낙엽을 밟듯이
누군가를 밟으며 살아오지 않았는지
회심의 눈물이 앞을 가린다

산책길에서

강물을 바라보며 산책을 한다
느닷없이 발에 차이는 돌 하나
발밑을 보지 않은 나의 죄일까
길가에 나와 앉은 돌멩이 죄일까
산자락을 타고 내려오는
구름에게 물어본다

내려올 땐 아래를 보고
올라갈 때도 아래를 본다는 응답
나는 어리석게
내려갈 때도 위를 보며 살았고
올라갈 때도 위를 보며 살았다
돌멩이 인연으로
삶의 새 눈을 뜨게 되었네

다육이

게으른 사람에겐 다육이가 제격이라
꽃잎 같은 모종 얻어 심고
아침에 눈 뜨면
다육이부터 살핀다

떡잎이 생겼는지
새순이 났는지
관심과 사랑으로 보듬는 동안
게으름을 부지런으로 변화시켜 준 다육이

잔소리 한번 없이
내 게으름 병 고쳐준다
다육이의 생활교육
그 방법부터 배워야겠다

야생화

낙엽이 떨어지는
어느 스산한 가을 저녁
들길을 걷다 만난
야생화 한 송이

보석처럼 빛나는 너의 눈동자
너의 강한 의지를
나는 주워 담았네
가을 끝자락에

3부

밥

전기밥솥에서
밥물이 끓어오른다
밥이라 하는 순간
입술이 솥뚜껑처럼 닫힌다

밥,
이 언어 뒤에 따라오는 침묵
침묵 속에서 피어나는 그리운 이름
어머니

밥 지어 먹이느라
아궁이 앞을 떠나지 못하고
생솔가지 연기에 매운 눈 비비며
불씨 지피시던 어머니

전기밥솥 뚜껑을 열고
가족들 밥그릇에 밥을 풀 때마다
어머니의 수고하심 뼈에 사무친다
밥은 어머니의 피땀이었지

아버지의 기도

근력이 삭아내려
지팡이에 겨우 몸을 의지하면서도
기도하는 모습은 꼿꼿하시다

굵게 주름진 손등
지문도 지워지고
손금도 닳아버린 손
합장한 거친 두 손엔
이미 아버지의 소원이 흘러넘친다
아버지의 소원이 눈물처럼 넘친다

자신의 고통이 후손에게는
복이 되어 돌아오길 바라는 마음
기도하는 근력이 뛰어나시다
오랜 시간 꼿꼿이 앉으신 모습

들꽃이 되어

나는 들꽃이 되어
노을 지는 하늘을 바라본다
새 떼가 무리 지어 날아간
헛헛한 공간에
아련히 떠오르는 곱고 그리운 모습

어머니, 나의 어머니
내 음성 들으시려나
하늘 가까운 들녘이라
힘차게 부르고 또 불러 봤건만
들바람이 자꾸 쓸어가 버리네

새 떼가 날아가고
들꽃 흔들어 놓고
들바람도 떠나갔는데
텅 빈 공간의 가을 들꽃은
가늘가늘 엄마를 기다리고 있네

어머니를 회상하며

어머니
어머니의 다른 말은
기다림
아니 그리움
아니 추억
아니 뉘우침

어머니 돌아가신 후
기다림과 그리움과 추억과
그리고, 그리고
뼈에 사무치는 뉘우침이
내 삶의 모두를 차지해 버렸다

치매를 간호하며 1

끊겼다 이어졌다
이어졌다 끊겼다
세상 문이 열렸다 닫혔다
들락날락하는 삶

이 서랍 저 서랍
밤새도록 열어보며
무엇을 찾아 헤매는
망각의 세계

어린아이로
자꾸만 낮아지는 어른
과거의 시간으로 되돌아가는 길
붙잡을 수 없어라

치매를 간호하며 2

잃어버린 걸까
잊어버린 걸까
혈육도 몰라보고
친구도 몰라보고

수첩에 적어 읽고 또 읽고
장롱 정리하고 또 하고
밤새도록 해도 모자라고
기억이 없다

겉옷 위에 속옷
한여름에 겨울 모자
빨간 립스틱 짙게 바르고
거울 보며 행복해한다

우리 아버지

아버지는 캐고 계셨다
성실한 삶의 지혜를
수천 평 밭이랑에서

온몸에 풍기는 땀 내음
불뚝불뚝 솟아난 혈관들은
성실한 아버지의 훈장

자식을 위해
무거운 짐 나르며
입가엔 언제나 희망의 미소

논밭에서 캐낸 삶의 지혜를
우리에게 물려주신 아버지
자식들이 또 하나의 논밭이었네

아버지의 눈물

어머니가 백발을 베고
누우신 지 오래
어머니 영혼
깃털처럼 날아갈세라
손 꼭 잡으신 아버지

아흔 되신 아버지
글썽이는 두 볼
꾹꾹 마음 누르시는 모습
애달파라
아버지 우는 모습 애달파라

작은 소망

우리 아버지
한 생을 흐르는 물처럼 살으셨다
막히면 돌아가고
고이면 기다리는
여유로운 마음으로 살으셨다

아흔을 맞으신 아버지
마른 장작처럼
앙상한 다리
지팡이에 의지하며
누울 자리 보러 가자신다

화장은 싫다
고향 형님 곁에 눕고 싶다
쑥뜸 연기 방 안에 자욱한데
내일, 누울 자리 보러 가자신다

노부부

할아버지 꼿꼿한 고집 따라가는
할머니 굽은 목줄기 등줄기
너무 굽어서, 너무 굽어서
할아버지 신발 뒤축만 보고
숨차게 따라간다

하늘이 맺어 준 인연
마냥 복사꽃 신혼인 줄 알았는데
어느새 등 뒤로
낙엽이 지고
노을도 지고

할아버지 발자국 따라
땀범벅이 가슴 쓸어내리며
숨차게 산마루를 넘는 할머니
늦가을 노을이
노부부의 뒷모습 비춘다

간병

며칠째
어머니 허리를 잡고 씨름한다
힘주세요
더 더 힘주세요 어머니
배변을 돕는 아들의 손길
거기까지다

대신 할 수 있는 일 아니다
더는 어쩔 수 없는 안타까움
세상에는 대신 할 수 있는 일도 많지만
대신 할 수 없는 일도 많다는 것을
힘으로도 안 되는 일 많다는 것을
간병하며 깨닫는다

보고 싶은 어머님께

어머님
어머님 가신 지 여러 해 지났지만
그리움은
제 평생 지고 갈 십자가입니다

어머님 생각할 때마다
외출에서 돌아오시기도 하고
저를 바라보시기도 하고
노래 좋아하셔서 불러드리면
금방 따라 부르시던 어머님
노래 불러 드릴게요
어서 오세요

어머님 자리는 항상
꽉 찬 자리로 남으리라 믿었는데
어머님 안 계신 자리는
뻥 뚫린 하늘입니다
저도 엄마가 되었는데

어머님 빈자리 채울 길 없어요

투병 중에
약도 거절
목욕도 거절
무엇이나 거절하실 때는
제 마음 힘들고 짜증스러웠어요
돌아서니 그 모두 후회뿐입니다
어머님께 그저 제 잘못 용서 청하며
어머님을 위해 기도 올립니다
오월의 성모님께 전구를 청합니다
어머님,
하느님 나라에서 행복 누리옵소서

4부

가을 풍경

고추잠자리 놀던 자리에
국화꽃 피어나고
국화꽃 하늘에
단풍나무 붉게 물들어가네

도심의 가을은
가로수 낙엽들
밟아볼 시간도 없이
청소 차량이 낙엽을 쓸어가네

가을 풍경도 진화하네

고추잠자리

석양빛에 더욱 붉은 고추잠자리
고추나무 가지 끝에 고추잠자리
날개가 있으니 고추는 아니네
큰 눈이 있으니 고추는 아니네
발이 달렸으니 고추는 아니네
고추잠자리네

산을 오르며

무리를 지어 산을 오른다
산봉우리 저 멀리 아득한데
앞 사람 발꿈치만 보고 걷는다
산모퉁이를 돌 때마다
앞 사람 발꿈치는 사라지고
푸른 바람이 동행한다

정상에 올라
올라온 길 내려다보는 마음
후회는 없어라
산봉우리 저 멀리
아득했던 나의 인생길도
앞서거니 뒤서거니 땀에 젖어 올랐다

새벽길

새벽길을 나선다
가로등이 파수병처럼
밤새 동네를 지키고 있었네

골목길 빠져나오니
신천의 가로등 불빛 아래
팔 휘저으며 새벽 산책에 바쁜 모습들

저 먼 하늘가엔
보일 듯 말 듯
황금빛 광채 어둠 헤치고 올라온다

숨 쉬는 모든 것들이
기쁨으로 다가오는 새벽길은
나의 오늘을 코디해 준다

신천의 비 오는 풍경

며칠째 쏟아지는 비
신천엔 팔뚝만 한 잉어 떼가
물살을 거슬러 오른다

흰 두루미
있는 듯 없는 듯 고요히 서서
새끼 물고기들을 노린다

빗길에 만난 길동무들
텐트 속에서 흐르는 신천을 바라보며
이야기보따리 풀어낸다

신천에 억센 물살이
하천 바닥을 긁어내듯
내 가슴도 시원히 씻겨 나간다

여름 운문사

여름날 청도 운문사 입구에
시원스레 뻗은
소나무길 그늘이 시원하다
돌돌, 돌 구르는 시냇물 소리도
시원하다

시원한 공기
폐부 깊이 흡입하니
공해에 움츠렸던 가슴이
풍선처럼 부푼다

더위야 물러가라
피서지로 찾은 운문사 계곡
운문사 계곡이 더위를 잊게 하네
더위 쫓을 마음 없어지네

제주도 여행길

여행 일정이 잡히고
출발 날짜가 다가오고
이박 삼일의 소지품을 챙길 때부터
마음은 이미 제주도에 도착

바다 위
구름 위를 날아서
비행기 트랩을 밟고 육지에 발이 닿으면
시장기와 식탐이 동시에 일어난다

제주도 토산물
오메기떡, 흑돼지, 갈치
제주도에서 먹으면
입맛이 더 돋는다

앞바다를 바라보면
파도가 무엇을 말하는 것 같은데
귀를 기울여도 알아들을 수 없는

안타까움

지난 추억을 말해 주는 것도 같고
고달픔을 위로해 주는 것도 같고
바라는 것에 해답을 주는 것도 같고
재기의 용기를 복돋우는 것도 같고

꽁꽁 싸 들고 온 집착들
속 시원히
제주도 바다에 풀어내린다
파도야 파도야
내 무거운 봇짐 다 쓸어가렴

코로나19

세계가 떨고 있다
울렁울렁 흔들린다
코와 입을 막고
사람을 피하고 멀리하면서
또한 갇혀서 지내야 하는 답답함

형체도 없이
귀신처럼 다가와 물어뜯는 병균
문밖을 나가지 말라고
나라에서 금지령이 내렸으니
멀리 구순 부모가 걱정이다
신발 신고 나서는데 온 가족이 말린다

부모님 걱정, 뵙고 싶은 마음
친구와의 수다가 그리운 시간을
책으로 대신 한다
먼지 쌓인 책을 뽑아 책장을 넘기며
마음 가라앉힌다

시곗바늘이 거꾸로 돌아가는
이상한 체험이다

코로나 체험기

신경이 곤두선다
근육통이 괴롭힌다
숨이 막힌다
목이 따갑다
집 밖을 못 나간다

현관에
약봉지와 식품이 놓여있다
아무도 없을 때 들여놓는다
열흘 넘게 문밖출입 금지
거실을 비추는 햇살이 유일한 손님

창밖에 오가는 자유로운 사람들
그들이 부럽다
코로나를 이겨낸 그들의 투지력이 부럽다
잃어버린 나의 투지력 회복해야겠다

지루한 코로나

이제나저제나
어느새 두 해를 보낸다
출구도 보이지 않는
어둡고 긴 터널
거기에 갇혀 지낸다

코로나
언제 물러가려나
지구 전체가 코로나로 덮였어도
어김없이 봄은 오누나
생명도 피워내누나

파티마의 성모마리아

포르투칼 파티마 성모 대성전
피부색이 다른 사람들
전 세계 사람들이 다 모인 듯
한자리에서
각자 제 나라 말로 기도하는데
닫혔던 귀가 열려
한 언어로 들린다

광장을 도는 기도 행렬
성모송의 향기가 대성전을 메운다

짝꿍 친구

여고 시절 절친했던 친구
어디 가나 깔깔대며 발랄했던 친구다
그런데
절뚝거리는 다리에 파리한 얼굴
기울어진 중심
야윈 손끝이
가지 끝에 매달린 한 장의 잎새 같다
뇌경색으로 쓰러진 지 오래
삶이 무너지는 소리 들린다
너와 나 우리는
빈 껍데기가 되어가는 느낌

온갖 가로막힌 삶
잘도 뚫어가며 살아왔는데
막힌 뇌혈관은 어쩔 도리가 없었나 보다
그쯤에서 우리 다시 만났으니
만남의 기쁨
눈시울 적시네

해설
겸허한 마음으로 쓰는 시

이순옥 (시인, 문학박사)

해설

겸허한 마음으로 쓰는 시

시인 **이순옥** | 문학박사

1

  오래전에 어느 여성 문인들 모임에 시 강의를 하러 갔다가 그곳에서 처음으로 이금선 시인을 만났다. 강의를 마치고 가는 방향이 같아서 함께 걸어가며 이야기를 나누다 시인이 방과 후 공부방에서 어린이들을 지도하고 있다는 것을 알게 되었다. 그리고 시작詩作에 관해 이야기하다 시를 기초부터 체계적으로 배우고 싶다는 말을 들었다. 이미 등단을 했으면서 새삼스럽게 또다시 시 공부를 하겠다고 마음을 다잡는 모습이 겸허하게 느껴졌다. 그 후 얼마쯤 시간이 지나서 나의 공부방을 찾아왔다. 말 그대로 시인은 낮은 자세로 한 번도 거르지 않고 계획대로 과정을 다 마쳤다. 시 공부를 하던 중에 틈틈이 써 놓았던 시 작품을 들고 와서

평을 해달라고 했던 것이 한 작품, 두 작품 모여서 첫 시집을 출판하기에 이르렀다. 그리고 시를 더 잘 쓰기 위해서 앞으로 쉬지 않고 독서와 글쓰기를 계속 연마하겠다는 다짐을 하기도 했다.

 이금선 시인의 시의 특징은 사물을 입체감 있게 바라보고 긍정적으로 풀어나가며 시를 쉽게 쓰고 있다는 것이다. 쉬운 문체로 표현하고 있어서 시를 읽으면 마음이 편안해진다. 이 시집에 수록된 48편의 시 작품들을 분류해 봤을 때 대체로 네 부류의 주제로 나타난다. 하나는 어떻게 하면 시를 잘 쓸 수 있을까 하는 깊은 고심의 표출이다. 시인이면 누구나 겪게 되는 마음의 고뇌이기도 하지만 이금선 시인에게는 그것이 더욱 절실함으로 다가왔다고 할 수 있다. 다음은 가족을 주제로 하고 있다. 특히 아버지에 대한 애틋한 마음이 작품 속에 스며있다. 세 번째는 자연을 주제로 한다. 이 주제에서는 밝고 재미있는 표현으로 동시 같은 느낌을 준다. 네 번째는 자화상을 그린다. 이 자화상은 너라는 거울에 자신을 비춰보며 지난날의 모습을 회오하는 모습이 그려지고 있다.

 이상으로 이 네 주제의 바탕에는 시에 대한 삼가는

마음이 고요히 깔려있다고 할 수 있다. 모난 돌이 파도에 깎이어 몽돌이 되듯이 오랜 시간 모난 마음을 다스리며 시에 대해 고심한 흔적이 시의 표현에서 조신하고 정중하게 나타난다. 그러나 좀 아쉬웠던 점은 시의 소재나 주제가 자신과 가족과 그 주변의 범위를 맴돌고 있는 것이다. 이러한 점은 시인이 결심한 꾸준한 독서와 사색과 글쓰기를 계속 연마하면서 극복할 수 있을 것으로 생각한다.

2

다음은 어떻게 하면 시를 잘 쓸 수 있을까 하는 고심에서 쓴 작품들이다.

> 뱉을 수도 없고
> 삼킬 수도 없이
> 입속에서만 굴러다니는 옹알이
>
> 얼마큼 수련을 쌓아야
> 성숙한 말이 되려나
> 가슴으로 내려오라 내 옹알이
> 　　　　　　　－「시 공부 1」 전문

첫 연에서는 떠오르는 시상을 표현하려 하지만 적합한 시어를 찾지 못해서 마음으로 웅얼거리고 있는 모습이 그려진다. 그 답답함을 화자는 '뱉을 수도' '삼킬 수도 없이'/ 입속에서만 굴러다니는 옹알이'라고 표현하고 있다. 둘째 연에서는 이러한 옹알이가 '얼마큼 수련을 쌓아야/ 성숙한 말이 되려나' 하고 안타까움을 드러낸 것으로 보아서 이금선 시인의 시 쓰기에 대한 깊은 고심을 파악할 수 있다. 그래서 말한다. '가슴으로 내려오라'라고. 시 쓰는 수련도 쌓아야겠지만 가슴에 품어야 성숙한 말이 된다는 것을 시인은 깨닫게 되었다고 할 수 있다. 시는 머리로 쓰는 것이 아니라 마음으로 쓴다는 것을 체험했다고 할 수 있다.

> 졸업장이 없다
> 오랜 세월 시와 씨름해도
> 정답이 없다
> 이 문으로 들어가 보고
> 저 문으로 들어가 봐도
> 나갈 문을 못 찾는다
> 헤매다 나오고
> 헤매다 나오고
> 하루 종일, 일 년, 수십 년

세월이 약이란 말도 거짓말
세월이 갈수록 더더욱
시가 뭔지 깜깜 굴속이다
― 「시 공부 2」 전문

위의 시 머리 부분에서 '졸업장이 없다' '정답이 없다'고 강한 어조로 토로하고 있다. 이것은 시작의 어려움과 고심을 표출한 것이다. '세월이 약이란 말도 거짓말', 옛 어른들은 어려움이 있거나 풀리지 않는 일이 있으면 '세월이 약이란 말'로 위로했다. 시간이 지나면 어지간한 것은 해결되기 때문이다. 그러나 시를 쓴다는 것은, 그저 세월을 기다린다고 해결되는 것이 아니다. 옹알이가 시인의 머릿속에서 아무리 오랫동안 굴러다녀도 표현해내는 피 끓이는 가슴 없이는 성숙한 시어로 태어날 수 없다는 것을 깨달은 시인은 '세월이 갈수록 더더욱/ 시가 뭔지 깜깜 굴속이다'라고 하며 그 풀리지 않는 매듭을 두고 자탄하고 있다. 어떤 시는 첫 행에 걸려 써 내려가지 못할 수도 있고 어떤 시는 마지막 행에서 펜대를 놓지 못하고 헤매는 경우도 많다. 그래서 시인은 '나갈 문을 못 찾는다/ 헤매다 나오고/ 헤매다 나오고' '세월이 갈수록' 풀리기는커녕 '더

더욱' '깜깜 굴속이다'라고 시작의 어려움을 토로하고 있다.

> 떠오르던 심상心象 하나
> 펜촉을 다듬는 동안
> 사라졌다
>
> 다시 떠올리려
> 펜대 놓고 마음 뒤졌지만
> 그림자도 보이지 않는다
>
> 봄비에 물어봐도
> 못 들은 척
> 틈새로 스며버리네
>
> 꽃 필 때 잠시 왔다 가버린
> 심상 하나
> 꽃 지는 계절에도 아직, 소식이 없네
>
> 언제쯤
> 다시 찾아오려나
> 애타는 이 마음 알아주려나
> 　　　　　　　　－「시 습작」 전문

시인에게 있어 순간적으로 떠오르는 시상은 신의 선물이라 할 정도로 소중하다. 그런데 그 소중한 선물을 머뭇거리다가 놓쳐 버린다면 다시 불러오기란 쉽지 않다. 행성이 태양의 궤도를 돌아오듯이 때가 되어 다시 다가오면 좋겠지만 영감을 떠올리기란 쉬운 일이 아니다. 마음을 흔들어 깨워보기도 하고 마음을 고요히 잠재워보기도 하면서 '마음 뒤졌지만/ 그림자도 보이지 않는다' '봄비에 물어봐도/ 못 들은 척/ 틈새로 스며버리네' 하면서 다시 시상이 떠오르기를 기다리는 마음을 '애타는 이 마음'이라는 표현으로 시 쓰기의 어려움을 토로하고 있다.

    봄바람,
    먼 길 달려와
    겨우내 퇴색한 빛 되살린다
    나무껍질 속에서 꿈꾸던 생명들
    눈을 뜨기 시작하네

    봄바람,
    내게로 불어오라
    두꺼운 가슴 파헤쳐
    나의 퇴색한 언어들을

새롭게 빛내주렴

봄꽃 피우는 봄바람아
두꺼운 나무껍질에 파고들듯
내 굳은 생각 속에도 파고들어
막힌 언어 살랑살랑 풀어내주렴
― 「봄바람」 전문

  겨우내 죽은 듯이 말라 있던 나뭇가지가 봄바람이 불면서 새싹을 틔우기 시작한다. 그 광경에 취해 있던 화자는 둘째 연에서 봄바람을 의인화했다. '봄바람,/ 내게로 불어오라/ 두꺼운 가슴 파헤쳐/ 나의 퇴색한 언어들을/ 새롭게 빛내주렴' 하면서 봄바람과의 대화를 트고 있다. 세 번째 연에서는 '봄꽃 피우는 봄바람아' 하면서 봄바람에게 소망을 말한다. 그 소망은 '나무껍질'보다 두껍고 거친 자신의 마음에 파고들어 와서, '굳은 생각'을 눈 녹이듯이 녹여 화자의 '막힌 언어'를 실꾸리 풀듯이 풀어내 달라는 것이다. 이 소망 안에 시인의 시 쓰기의 고투가 녹아있다고 할 수 있다.

3

다음은 가족을 주제로 한 시 작품이다. 가족 중에서도 아버지에 대한 시가 돋보인다. 아버지에 대한 시 작품에는 「우리 아버지」, 「아버지의 눈물」, 「작은 소망」, 「노부부」 그리고 「아버지의 기도」가 있다. 이 외에 어머니와 아기, 형제, 부부를 주제로 한 작품들이 있다.

>근력이 삭아내려
>지팡이에 겨우 몸을 의지하면서도
>기도하는 모습은 꼿꼿하시다
>
>굵게 주름진 손등
>지문도 지워지고
>손금도 닳아버린 손
>합장한 거친 두 손엔
>이미 아버지의 소원이 흘러넘친다
>아버지의 소원이 눈물처럼 넘친다
>
>자신의 고통이 후손에게는
>복이 되어 돌아오길 바라는 마음
>기도하는 근력이 뛰어나시다
>오랜 시간 꼿꼿이 앉으신 모습
>   −「아버지의 기도」 전문

기도하는 손은 보통, 여성 혹은 어머니의 손으로 보드랍고 따스하게 표현되고 있다. 그러나 위의 시에서는 기도하는 손이 아버지의 손이다. 그 손은 거칠고 온기가 없다. '지문도 지워지고/ 손금도 닳아버린 손'이다. 거기다 신체적으로는 '근력이 삭아내려/ 지팡이에 겨우 몸을 의지'하고 살아가신다. 그런데 기도할 때의 모습은 이와는 너무나 다른 모습이라 신비스럽게 여겨진다.

　그래서 화자는 '기도하는 근력이 뛰어나시다'라고 표현하고 있다. 왜냐하면 쇠약하신 아버지가 '오랜 시간 꼿꼿이' 앉아서 기도하는 모습을 보기 때문이다. 그리고 아버지가 침묵 속에 하시는 기도 소리를 마음으로 듣는다. 아버지 '자신의 고통이 후손에게는/ 복이 되어 돌아오기를, 바라는' 봉헌과 축복을 담은 기도를 하고 계신다는 것을 화자는 마음으로 듣고 있다고 할 수 있다.

　　아버지는 캐고 계셨다
　　성실한 삶의 지혜를
　　수천 평 밭이랑에서

온몸에 풍기는 땀 내음
불뚝불뚝 솟아난 혈관들은
성실한 아버지의 훈장

자식을 위해
무거운 짐 나르며
입가엔 언제나 희망의 미소

논밭에서 캐낸 삶의 지혜를
우리에게 물려주신 아버지
자식들이 또 하나의 논밭이었네
— 「우리 아버지」 전문

   이 시는 농사를 천직으로 알고 살아오신 조상님들의 모습을 떠올리게 한다. 화자는 아버지가 '수천 평 밭이랑에서' 평생을 성실히 살아오셨고 자갈밭을 기름진 땅으로 일구어 가을에 알곡을 수확하시는 모습을 보면서 아버지는 '수천 평 밭이랑에서' 먹을거리를 장만하기도 하셨지만, 더 중요한 것은 그 땅에서 '성실한 삶의 지혜를' '캐고 계셨다'는 것이다. 그리고 아버지의 또 다른 논밭은 자식들이다. 아버지의 뜻대로 잘

성장해 가는 모습을 대견하게 바라보는 아버지는 '자식을 위해'서 찌든 '땀 내음'과 '불뚝불뚝 솟아난 혈관'을 보이면서도 고되다는 푸념 한마디 없이 '입가엔 언제나' '미소'가 흐른다. 그 모습을 늘 보며 살아온 화자는 아버지를 공경하는 마음이 떠나지 않는다. 그리고 그 성실함을 본받은 화자도 아버지처럼 성실한 삶을 살아가려 노력하고 있으며 성실함을 물려주신 아버지께 감사하는 깊은 마음을 드러내고 있다.

> 어머니가 백발을 베고
> 누우신 지 오래
> 어머니 영혼
> 깃털처럼 날아갈세라
> 손 꼭 잡으신 아버지
>
> 아흔 되신 아버지
> 글썽이는 두 볼
> 꾹꾹 마음 누르시는 모습
> 애달파라
> 아버지 우는 모습 애달파라
> ―「아버지의 눈물」 전문

생명체는 영원히 살 수 없다. 이것은 천연의 법칙이다. 그러나 사람은 그것을 순간순간 잊고 살아간다. 그러다 가족 한 사람이 병상에서 일어나지 못하면 가족들은 죽음을 생각하며 슬픔에 잠긴다. 화자의 '어머니가 백발을 베고/ 누우신 지 오래'되었다. 아버지가 간호하면서 슬퍼하고 있는 까닭은 어머니와의 영원한 이별을 걱정하고 있기 때문이다. 그러나 걱정과 슬픔을 자식들 앞에 내색하지 않고 '꾹꾹 마음 누르시는 모습'을 보고 있는 화자의 마음은 아버지가 더욱 걱정되고 애달프다. 아버지가 속으로 울고 계시는 모습을 보는 딸의 마음은 애절하기 그지없다.

가족을 주제로 한 시 중에서는 간호를 받는 어머니를 소재로 한 작품이 있다. 환자를 간호한다는 일은 쉬운 일이 아니다. 그런데 치매를 앓는 부모님을 간호한다는 것은 더욱 어려울 것이다. 이금선 시인은 치매를 앓는 시어머니를 요양원에 맡기지 않고 집에서 부부와 함께 오랫동안 간호를 했다고 하는 이야기를 전해 들은 적이 있다.

끊겼다 이어졌다
이어졌다 끊겼다
세상 문이 열렸다 닫혔다
들락날락하는 삶

이 서랍 저 서랍
밤새도록 열어보며
무엇을 찾아 헤매는
망각의 세계

어린아이로
자꾸만 낮아지는 어른
과거의 시간으로 되돌아가는 길
붙잡을 수 없어라
　　　　　　　－「치매를 간호하며 1」 전문

잃어버린 걸까
잊어버린 걸까
혈육도 몰라보고
친구도 몰라보고

-생략

겉옷 위에 속옷
한여름에 겨울 모자
빨간 립스틱 짙게 바르고
거울 보며 행복해한다
  　　　　 -「치매를 간호하며 2」에서

  위의 시 두 편에서 화자는 어머니의 건강 상태를 표현하고 있다. 어머니의 정신이 어떤 날은 정상적이고 어떤 날은 정신없이 헤매는 모습을 보여주고 있다. 정신을 잃고 헤매는 어머니의 모습을 지켜 보고 있는 화자는 실체는 없지만 마치 기억줄이 '끊겼다 이어졌다' 하는 것 같기도 하고, '세상 문이 열렸다 닫혔다' 하는 것 같기도 하다. 그래서 어머니가 그 문을 '들락날락하는' 모습으로도 비친다. 또한 '이 서랍 저 서랍/ 밤새도록 열어보며' '헤매는' 어머니의 '망각의 세계'를 화자는 뒤쫓아갈 수가 없다. 몸과 정신이 개체적으로 행동하는 모습에서 분별력이 약한 '어린아이'로 느껴진다. '과거의 시간으로 되돌아가'고 있는 노모의 정신을 붙잡지 못하는 안타까움이 뼈저리게 나타난다.

며칠째
어머니 허리를 잡고 씨름한다
힘주세요
더 더 힘주세요 어머니
배변을 돕는 아들의 손길
거기까지다

대신 할 수 있는 일 아니다
더는 어쩔 수 없는 안타까움
세상에는 대신 할 수 있는 일도 많지만
대신 할 수 없는 일도 많다는 것을
힘으로도 안 되는 일 많다는 것을
간병하며 깨닫는다
-「간병」 전문

  보통은 재물, 힘, 권력이 있으면 불가능한 것이 없다고 생각하겠지만, 그것이 오답임을 일깨워 주는 일들 또한 많다. 그중 하나가 바로 위의 시 「간병」에서 나타나고 있다. 위의 시는 노환에서 겪는 배변의 불편함을 돕기 위해 아들이 온갖 노력을 기울이고 있는 모습을 그리고 있다. 화자는 남편이 땀을 흘리며 '어머니 허리를 잡고 씨름'하는 모습을 안타까운 시선으로 지켜보

다가 한계를 느낀다. 그리고 '거기까지다'. '대신 할 수 있는 일 아니다'로 단념한다. 어머니를 간호하면서 힘으로 할 수 있는 일과 할 수 없는 일에 대한 분별력의 눈을 뜨게 되었다고 할 수 있다.

4

이금선 시인의 시작품 중에서 자연에서 주제를 찾은 시는 대체로 동시처럼 즐겁고 재미있으며 밝은 이미지를 담고 있다.

> 석양빛에 더욱 붉은 고추잠자리
> 고추나무 가지 끝에 고추잠자리
> 날개가 있으니 고추는 아니네
> 큰 눈이 있으니 고추는 아니네
> 발이 달렸으니 고추는 아니네
> 고추잠자리네
> ─「고추잠자리」전문

위의 시는 가을 들녘에 흔히 볼 수 있는 풍경이다. '석양' '고추나무' '고추잠자리' 이 모두는 붉은빛을 발하고 있다. 저녁노을의 붉은빛을 받아 고추도 붉고, 잠자리도 붉으니 그 불타는 듯한 풍경 속에서 '고추나무

저쪽은 네 땅
개미 떼는
끊임없이 땅따먹기를 하네
  －「개미 떼」 전문

 흙 마당을 유심히 살펴보고 있으면 까맣고 허리 잘록한 개미들이 떼지어 이동하는 것을 보게 된다. 이동할 때는 거의 줄을 지어 간다. 까맣게 줄지어 가는 개미 떼를 발견한 화자는 느닷없이 어렸을 적 친구들과 땅따먹기 하던 놀이가 생각났다고 할 수 있다. 마치 네 땅 내 땅 하며 금을 그어 놓은 것처럼 비추어졌다고 할 수 있다. 시인은 어린이 같은 눈과 마음으로 개미 떼를 유심히 바라보고 소통하면서 동시처럼 재미있게 그려낸 그림이다.

고추잠자리 놀던 자리에
국화꽃 피어나고
국화꽃 하늘에
단풍나무 붉게 물들어가네

도심의 가을은

가로수 낙엽들
밟아볼 시간도 없이
청소 차량이 낙엽을 쓸어가네

가을 풍경도 진화하네
― 「가을 풍경」 전문

  위의 시 첫 연에서는 '고추잠자리', '국화꽃', '단풍나무' 이러한 자연에 순행하는 시어들로 가을 풍경을 그리고 있다. 그런데 둘째 연에서는 자연에 순행하지 않는 대조되는 시어로 표현하고 있다. 즉 '도심의 가을은/ 가로수 낙엽들/ 밟아볼 시간도 없이/ 청소 차량이 낙엽을 쓸어'간다. 이러한 현실을 화자는 부정적으로 보지 않고 '가을 풍경도 진화'한다고 표현함으로써 쓸려가 버리는 도심의 가을 풍경을 긍정적인 이미지로 풀어가고 있다.

5

  이금선 시인의 네 번째 주제는 자화상이라 할 수 있다. 작품으로는 「거울을 보며 1」, 「거울을 보며 2」, 「내 마음의 노래」, 「부부」 등이 있다. 제목이 말해주듯 시인은 너라는 상대를 통해 자신을 새롭게 발견한다.

> 가을 노을이 거울에 비친다
> 노을 속에 비치는 내 이마에
> 삼차선 도로가 나타났다
> 입가엔 팔자 모양 주름 한 가닥
> 골짜기 조그마한 밭뙈기 도랑 같다
> 거울 속 내 얼굴을 보며
> 지난 세월을 읽는다
> ―「거울을 보며 1」 전문

「거울을 보며 1」은 석양에 반사된 환한 얼굴을 거울에 비춰보면서 어느새 주름 가득히 변모한 자신의 모습에 놀라워한다. 이마와 입가의 짙은 주름에 눈길이 멈춰지면서 나이도 의식하지 못한 채 바쁘게 살아왔던 지난날이 주마등처럼 스쳐 지나간다. 입가의 주름을 '밭뙈기 곁에 붙은 도랑'으로, 이마의 주름을 시골 '삼차선 도로'로 표현한 것은 화자의 옛날을 회상하는 장면이 표출되는 부분이다. 시 작품 「우리 아버지」에서 표현되었듯이 '수천 평 밭이랑'에서 힘겹게 괭이질하는 아버지와 연관성이 있다고 본다. 그리고 화자가 어렸을 적에 본 동네 앞 꼬불꼬불하던 좁은 도로가 어느 날 직선 도로로 확 뚫려 있는 광경이 신비스럽게 기억에 남아 있었을 것으로 본다. 성장하여 고향을 떠나 도시로 와서 결혼한 후에 '밭뙈기'만 한 살림 밑천으로 시작한 신혼살림에서부터 다복한 가정을 일구어내기까지 혼자만의 고달팠던 시간이 '거울 속' 주름진 얼굴에서 묻어 나오고 있다.

> 거울을 보다가
> 나를 만난다
> 거울 속의 네가
> 내 모습이다
>
> 눈썹이 두 개
> 눈도 두 개
> 코는 하나
> 입도 하나
>
> 나는 보았다
> 더듬더듬 알던 것을
> 콕 집어 비춰준 거울
> 거울을 보다가
> 내 존재를 깨달았다
> 　　　　　－「거울을 보며 2」 전문

평소에 무심히 봐오던 것들이 어떤 날에는 이상하리만큼 또렷이 눈앞에 다가올 때가 있다. 화자는 거울 속 자기 얼굴에서 그것을 체험했다. '눈썹이 두 개/ 눈도 두 개/ 코는 하나/ 입도 하나' 수십 년을 그 자리 그대로 하나도 이탈된 것 없이 꼭꼭 제자리에 박혀 제 본분을 다하고 있는 것이 신기하게 느껴졌다. 이목구비가 체크 된 후, 무심했던 자신의 존재감이 깨어났다는 뜻을 '더듬더듬 알던 것을/ 콕 집어 비춰준 거울/ 거울을 보다가/ 내 존재를 깨달았다'라고 표현하고 있다.

>내 마음은
>슬픔을 머금고 있다
>가까이 오지 마라
>눈물이 그대에게 번져
>그대를 눈물바다로 만들까 두려우니
>
>내 마음은
>어둠을 머금고 있다
>가까이 오지 마라
>어둠이 그대에게 번져
>그대를 어둠의 바다로 만들까 두려우니

슬픔과 어둠이 짝이 되어
바다 위를 둥둥 떠다니다
어느 바다 기슭에
터전을 잡고 살 때
그때는 사랑을 노래하겠지
― 「내 마음의 노래」 전문

  첫 연에서 화자는 마음에 '슬픔을 머금고 있다'고 하면서 '가까이 오지 마라'고 경계한다. 왜냐하면 화자 자신의 슬픈 마음이 너에게로 옮아갈까 염려해서이다. 둘째 연에서는 화자의 마음에 '어둠을 머금고 있다'고 했다. 이는 화자의 마음이 지금 부정적인 생각들로 가득 차 있어서 그 어두운 생각들이 혹시 너에게로 옮아갈까 걱정스럽다는 뜻이다.
  셋째 연에서는 눈물과 어둠, 이 두 부정적인 마음은 외로움에서 태어난 것이기에 부정과 부정이 만나 짝을 이루어 '터전을 잡고' 살게 되면 그때는 슬픔과 어둠이 외로움에서 벗어나 사랑으로 승화되어 사랑 노래를 부를 수 있게 될 것이라는 긍정과 희망을 표출하고 있다.

오랜 시간 오순도순 함께 쌓아왔는데
마음 한구석이 텅 비어가는 느낌
왜일까?
무언가가 자꾸 새는 느낌이다

영원토록 당신과 함께하겠다던 맹세가
믿음으로 쌓이지 않고
믿음으로 다져지지 않고
성루가 조금씩 허물어지는 느낌이다

나이가
인생의 한계점을 자극하나 보다
영원토록 함께하겠다던 맹세는
나이 앞에 부스러기가 되어 간다
－「부부」 전문

  자신을 알기 위해서 우리는 진정한 만남이 필요하다. 진정한 만남이란 근본적으로 마음과 마음이 통해야 할 것이다. 그런 의미에서 부부는 대체로 진정한 만남의 관계로 본다.
  화자는 부부가 '오랜 시간' 함께 살면서 어떤 일이든지 서로 의논하고 뜻을 모아 가족을 지킬 성루를 쌓아왔다. 그런데 나이가 들어가면서 어느 날 홀연히 '마음 한구석이 텅 비어 가는 느낌'이 든다. '영원토록 당신과 함께하겠다던 맹세가/ 믿음으로 쌓이지 않고/ 믿음으로 다져지지 않'는 것이 마치 함께 쌓은 '성루가 조금씩 허물어져 가는 느낌'이라는 것이다. 왜 이런 느낌이 들게 되었는지를 생각해 보다가 화자가 얻은 회답은 한 울타리에서 올망졸망 살아가던 자식들이 성장하여 울타리 밖으로 떠나가고, 곱고 화사했던 화자는 중년을 넘어 '나이가 인생의 한계점', 즉 삶의 종말을 생각할 만큼 나이가 들었음을 깨닫는다. 그래서 황금같이 굳게 언약한 맹세도 나이 앞에서는 견디지 못하고 한낱 '부스러기가 되어' 버린다고 했다. 이 뜻은 누구나 맞이하게 되는 인생의 종말을 생각하면 어떠한 맹세도 그 삶의 마지막 날에 가서는 '부스러기'처럼 허물어지고 만다는 뜻이 내포되어 있다.

문장시인선 21   이금선 시집

금낭화 피는 계절이 오면

인쇄 | 2024년 1월 5일   발행 | 2024년 1월 8일

글쓴이 | 이금선
펴낸이 | 장호병
펴낸곳 | 북랜드
　　　　06252 서울 강남구 강남대로 320, 황화빌딩 1108호
　　　　41965 대구시 중구 명륜로12길 64(남산동)
　　　　대표전화 (02)732-4574, (053)252-9114
　　　　팩시밀리 (02)734-4574, (053)252-9334
　　　　홈페이지 | www.bookland.co.kr
　　　　이-메일 | bookland@hanmail.net

책임편집| 김인옥   기획| 전은경   교열| 배성숙 서정랑

ⓒ 이금선, 2023, Printed in Korea
저자와의 협의하에 인지를 생략합니다.

ISBN 979-11-7155-022-7 03810
ISBN 979-11-7155-023-4 05810 (E-book)

값 10,000원